NOTICE

NÉCROLOGIQUE

SUR M. MADIOT,

DIRECTEUR DE LA PÉPINIÈRE DU DÉPARTEMENT DU RHONE,
MEMBRE DE LA SOCIÉTÉ D'AGRICULTURE LINNÉENNE DE LYON,
DE PLUSIEURS ACADÉMIES ET SOCIÉTÉS DE FRANCE
ET DE PLUSIEURS PAYS ÉTRANGERS,

Revue et corrigée par **M. FAISSOLLE,**

Membre de la Société d'Agriculture de Lyon, de l'Académie industrielle, etc.

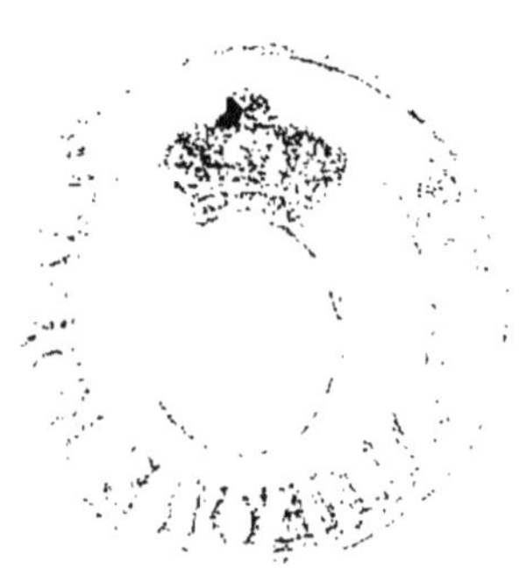

A LYON,

CHEZ L'AUTEUR, FAUBOURG DE VAISE, GRANDE RUE, N° 23.
OU A

CHEZ M.

—

1833.

NOTICE

NÉCROLOGIQUE

SUR M. MADIOT,

DIRECTEUR DE LA PÉPINIÈRE DÉPARTEMENTALE DU RHÔNE, ETC.

Les agriculteurs, les botanistes, les personnes sensibles aiment à s'entretenir des hommes de mérite que la faux implacable de la mort a moissonnés. Les premiers se rappellent les travaux, les courses et les veilles de leurs anciens collaborateurs, dont les lumières et le zèle ont contribué à accroître le cercle de nos connaissances et nos produits agricoles ; les autres ont gravé dans leur mémoire les qualités affables, l'aménité, les manières douces et modestes de celui qui est l'objet de leurs continuels regrets. Ces douloureux souvenirs se trouvent dans la perte irréparable qui s'est opérée par la mort de M. Madiot, directeur de la pépinière départementale du Rhône, qui se plaisait à faire le bonheur de son épouse et de sa famille qu'il chérissait.

L'un des anciens ducs de Brissac (1), connaissant en 1580, un M. Madiot pour un homme doué d'une grande probité, actif et s'occupant d'agriculture (à cette époque l'on commençait à apprécier l'utilité et les avantages de la science agricole), le prit pour régisseur du château et des domaines de Brissac (2). La famille Madiot conserva cette administration en se succédant de père en fils pendant plus de deux cents ans. M. Madiot, le dernier régisseur de ce château, avait une fortune suffisante pour le mettre à même de vivre dans l'indépendance. En suivant la route tracée par ses aïeux, cet administrateur loin d'opérer comme le font dans cette position, la plupart des hommes occupés de s'enrichir, soit aux dépens des propriétaires, soit en vexant les fermiers, cet administrateur, dis-je, appliquait tous ses soins à faire

---

(1) La famille de Brissac est assez connue, ce que l'on en pourrait dire n'ajouterait rien à son illustration.

(2) Le château de Brissac est situé à quelques lieues d'Angers.

prospérer les domaines du château , à la conser-
vation des bois , des forêts , à remplacer les arbres
morts et dépérissans , à cultiver dans les jardins
et les vergers les arbres fruitiers , et à surveiller
la plantation des arbres de bonne espèce , lorsque
le besoin l'exigeait. Il s'empressait également de
soulager l'infortune des cultivateurs surchargés
d'une nombreuse famille, soit dans leurs maladies,
soit dans les accidens qui leur survenaient. Ces actes
de bienfaisance et de générosité n'étaient nullement
inscrits pour leur somme dans les comptes annuels
et fidèles qu'il rendait au propriétaire. Il résultait
des opérations de M. Madiot que presque tous les
cultivateurs et les infortunés de la paroisse ne
cessaient de bénir M. le duc et de lui présenter
leurs félicitations, dès son arrivée au château.

Pendant cette administration , M. Guillaume
Madiot , dernier régisseur , pensa que Madame son
épouse , alors enceinte , serait beaucoup mieux à
Craon qu'au château de Brissac , en raison de ce
qu'elle se trouverait au milieu de sa famille , et
qu'elle recevrait les soins d'un habile médecin
de cette ville. Le premier mars 1780 , elle mit
au monde M. Madiot Jacques-François , dont les
talens lui méritèrent par la suite la direction de
la pépinière départementale du Rhône. Son père
veilla à ce qu'il reçût les instructions données or-
dinairement à l'enfance. A cet âge les progrès se

transmettent aux parens , sortent rarement de la famille sans se répandre dans la société.

Les connaissances de M. Madiot père , ne se bornaient pas à l'agriculture ; il sut apprécier que le plus grand bien qu'il laisserait à son fils serait une bonne constitution , des connaissances utiles et profitables à la prospérité de la société. M. Madiot fils , fut obligé, dans son adolescence, de se livrer aux exercices du corps parmi lesquels se placent naturellement ceux de l'équitation (1). Son père était le plus souvent son instituteur pour lui enseigner à bien manier et conduire un cheval ; principalement quand son fils l'accompagnait dans la surveillance des domaines , des forêts et dé- pendances du château de Brissac. D'autrefois , il l'entretenait de l'agriculture , des moyens de fer- tiliser les champs par l'emploi des engrais , de la nécessité d'alterner les récoltes , des différentes plantes dont on pouvait obtenir une vente lucra- tive , des avantages de la greffe , et de quelle ma- nière on devait l'opérer.

Ce tendre père sentit bientôt qu'il convenait de se séparer de son fils dont il voulait faire un homme instruit. Il l'envoya à Paris pour y acquérir les con- naissances nécéssaires à son éducation ; mais ce

---

(1) M. Madiot père avait acheté un cheval à son fils , et il avait servi dans la cavalerie.

jeune homme avait un goût décidé pour la botanique dont il préféra l'étude à celle de la littérature; accoutumé à se livrer dès son bas âge aux progrès de la culture des champs, des arbres forestiers et des vergers, ce goût de l'étude des plantes et de l'agriculture était une suite des principes reçus dès sa première jeunesse. Aussi étant encore dans l'adolescence M. Fr. Madiot obtint des succès dans ses travaux et mérita des encouragemens des professeurs dont il écoutait les leçons avec autant de fruit que d'assiduité. Nous étions dans ces temps orageux de 1793 et 1794 où l'anarchie et la barbarie n'avaient aucun frein. A cette époque des forcenés envahirent le domicile de M. Madiot père, pillèrent sa maison, et Mlle Madiot, sa fille, après avoir subi les plus cruels outrages, périt victime de leur brutalité et de leur cruauté. Alors M. Madiot père, inconsolable d'une si grande perte fut rejoindre son épouse à Craon, d'où il écrivit à son fils, en lui enjoignant d'accélérer son retour. C'était la seule personne dont la vue, la présence et les prévenances étaient capables d'adoucir l'amertume de ses chagrins.

A cette époque une grande partie du Maine, de l'Anjou, de la Bretagne, de la Vendée et du Poitou était connue sous la dénomination de Vendée. M. Madiot père n'embrassant aucun parti, espérant encore avec son épouse, son fils, et au sein de sa famille couler des jours heureux et paisibles, vit tout à coup entrer dans son domicile une troupe d'hommes armés, qu'il fut obligé de nourrir et loger. Les chefs de cette troupe voyant le jeune Madiot dans sa quatorzième année assez fort et assez bien constitué l'emmenèrent avec eux. Les représentations du père, les sollicitations, les prières pressantes de la mère furent inutiles. Le jeune homme fut obligé de partir avec ces militaires. Mais il ne resta pas long-temps dans la troupe. Ayant reçu une blessure grave, il sollicita son congé pour revenir sous le toit paternel.

Le jeune Madiot trouva son père dans la désolation d'avoir perdu ses propriétés mobiliaires, ses maisons de campagnes brûlées, ses bestiaux enlevés et ses champs dévastés. Il n'avait plus d'espoir dans la bienveillance de M. de Brissac qui avait été massacré par les révolutionnaires de Paris. Ce père infortuné ne pouvant plus résider dans sa province où le flambeau de la guerre civile s'était allumé, vendit le mieux qu'il lui fut possible les propriétés foncières qui lui restaient, et se décida à habiter la capitale où il conduisit sa famille.

Quelques années auparavant, comme je l'ai annoncé précédemment, son fils avait suivi des cours d'agriculture et de botanique. Ces sciences semblaient avoir pour lui un attrait particulier, de manière à le déterminer à s'en occuper de nouveau. Il suivit avec assiduité et beaucoup de succès les cours de botanique, de culture, d'herborisation, de naturalisation des végétaux exotiques de MM.

Jussieu, Desfontaines, de Thouin, comme il le paraît par les certificats des 24 et 26 vendémiaire an IX, de ces célèbres professeurs et du savant chimiste M. Fourcroy. Ce jeune homme joignait à l'aptitude pour l'instruction une grande aménité de caractère qui le faisait rechercher de ses condisciples. Il compatissait à leurs faiblesses ; il les aidait de ses conseils ; il tâchait de profiter des lumières des uns, et s'empressait de communiquer aux autres ses connaissances.

Avant cette époque, par sa lettre du 22 prairial an VIII. M. Thouin chargea le jeune Madiot de recueillir dans les environs de Paris, à 7 ou 8 myriamètres de circonférence (16 ou 18 lieues), les plantes nécessaires au complément de celles de l'école botanique, afin de servir à l'instruction des personnes qui s'occupent de l'art de guérir et soulager l'humanité.

M. Verninac, préfet du département du Rhône, occupé de rendre plus prospères les produits agricoles, sollicita auprès du ministère l'établissement d'une pépinière et demanda en même temps quelqu'un capable de la diriger. Cette pétition fut renvoyée à M. Thouin en l'invitant à indiquer un directeur doué des talens nécessaires pour faire fleurir cet établissement. Ce professeur proposa M. Jacques-François Madiot. Sa nomination eut lieu en 1801. C'est alors que ce directeur se livra entièrement aux opérations que nécessitaient la formation des diverses pépinières élevées sous son inspection.

Il créa une pépinière près du jardin botanique de Lyon, peu de temps après une autre aux Charpennes. Au moyen de la sage et prévoyante administration chargée de faire prospérer autant que possible les divers genres de culture, ces deux pépinières présentèrent des succès très-avantageux; mais celle des Charpennes était sujette à une location qui parut onéreuse, en sorte que par des convenances municipales et départementales, il fut arrêté que les pépinières lyonnaises seraient établies dorénavant aux Cordeliers de l'Observance et à Perrache. En 1818, M. Madiot eut à regretter la perte des pépinières de la Déserte et des Charpennes. Il se trouvait dans la première beaucoup d'arbres fruitiers de diverses espèces et d'arbres exotiques. Dans celle des Charpennes, un grand nombre d'arbres fruitiers et plus de quatre-vingt mille arbres forestiers tant indigènes qu'exotiques; la valeur de chacun de ces derniers arbres dont la hauteur était de trois à quatre mètres et dont le tronc avait un diamètre de 9 à 11 centimètres pouvait être estimée à un franc.

La pépinière de Perrache établie en 1818 par les soins de M. Madiot, était complantée de divers arbres fruitiers, forestiers indigènes et exotiques. elle offrait déjà des ressources en 1823 et 1824. L'on y vendait alors des arbres fruitiers indigènes et un assez grand nombre de mûriers. C'était dans cet établissement que M. le directeur avait, pendant que M. Lezai de Marnezia était préfet du département du Rhône, fait ses essais pour hanter les mûriers ; essais recommandés par ce zélé administrateur, et que M. Madiot vit couronnés d'un heureux succès en 1825. Cette pépinière eut le sort des précédentes et fut détruite, parce que cette localité était convenable à la mairie de Lyon, pour y former des rues, des bâtimens, afin de faciliter les communications du Rhône et de la Saône, d'accroître les opérations commerciales et d'agrandir l'enceinte de la ville. M. Madiot obligé de se conformer à des ordres supérieurs eut à regretter un établissement agricole, présentant des avantages pour ce département et ceux circonvoisins. Tant que la conduite des pépinières s'opérera de manière à ce qu'à leur naissance succède la destruction, tous les établissemens de ce genre seront décourageans pour le directeur, mais encore onéreux au moyen de dépenses devenues inutiles.

Alors la mairie de Lyon aussi sage que prévoyante, pour compenser l'administration de la pépinière départementale de la perte de la localité de Perrache lui donna un vaste terrain à la Guillotière ; mais ce terrain était formé d'un gros sable stérile, contenant très-peu de terre végétale. Cependant, par les soins de l'administration ci-dessus et les travaux opérés sous la surveillance de M. le directeur, l'on avait disposé la surface du sol au moyen des plantations, de manière à présenter un aspect agréable, et dans ce sol élevé ne pouvant recevoir d'autre humidité que celle des rosées et des eaux pluviales bientôt évaporées par le hâle et la moindre chaleur, l'on y avait creusé un puits pour y pratiquer les arrosemens nécessaires. M. le directeur y avait fait planter un grand nombre d'arbres fruitiers de diverses espèces, d'arbres forestiers, indigènes et exotiques. Plusieurs y avaient réussi; mais cette pépinière n'offrait pas, à cause de la nature de la terre les ressources de celles des Charpennes et de Perrache.

M. le directeur s'occupa particulièrement de la pépinière de l'Observance. Là il y fit une collection très-considèrable d'arbres fruitiers; par ses ordres on y rassembla un grand nombre d'arbrisseaux et de plantes indigènes et exotiques de différentes espèces. Il cultiva aussi une très-grande quantité de mûriers: l'on distinguait dans ses pépinières en 1809 et 1810 les mûriers de la Caroline, de Constantinople, etc. Parmi les variétés de ces derniers, il en existait depuis plus de vingt ans dans ses établissemens, et qui furent transplantés à l'Observance que des amateurs ont introduit dans ce département où ils assuraient que ces espèces étaient inconnues.

Lors de son passage à Lyon, M. Bosc (célèbre agronome) visita les pépinières. Il reconnut une grande méthode dans la classification des arbres placés sous la surveillance de M. Madiot et assura qu'il existait en France peu de pépinières aussi bien meublées d'un aussi grand nombre d'arbres de différentes espèces, favorisés par la nature du climat et dont le produit devait être fort avantageux en raison de la position du chef lieu du département.

Indépendamment de la culture des arbres et arbrisseaux indigènes et exotiques acclimatés depuis long-temps, et que l'on n'a pu qu'indiquer sommairement, M. Madiot avait formé une collection de différentes vignes qu'il divise en 22 séries, et chacune de ces séries se subdivise en un assez grand nombre d'espèces.

Précédemment j'ai annoncé que M. Madiot avait étudié avec succès la botanique, que M. Thouin l'avait chargé de faire des recherches dans plusieurs cantons circonvoisins de la capitale, pour se procurer des plantes indigènes et exotiques. Il a découvert plusieurs plantes inconnues, les a cultivées et a formé plusieurs herbiers estimés des connaisseurs. Il a communiqué à plusieurs sociétés savantes ses découvertes, en leur envoyant des mémoires, dans lesquels il s'était livré à la description de ces végétaux. En raison de ses opérations agricoles, de ses connaissances sur la botanique, la société d'agriculture de Lyon le compta parmi ses membres, le 16 décembre 1807 ; il fut aussi reçu parmi ceux de la société Linnéenne de cette même ville. Il était en outre membre de plusieurs sociétés savantes et académies de France (1), de celles de Bruxelles , de Potsdam , de Berlin et de Gand.

Vers la fin de l'année 1829, M. Madiot fut attaqué d'une phtisie pulmonaire , qui lui faisait perdre beaucoup de sang par la bouche. Sa poitrine était oppressée, le sang se portait violemment à la tête; le mal , augmentant ses progrès , sa respiration devint plus gênée et il était sujet à de fréquens évanouissemens. Son estimable épouse n'épargna ni soins , ni veilles pendant la longue et douloureuse maladie que son mari éprouva. Elle ne s'en rapportait à personne pour le surveiller , lui donner ce dont il pouvait avoir besoin , et pour contribuer autant que possible à sa guérison ; mais l'éternel, dont les faibles mortels doivent respecter les décrets , avait déterminé la fin de sa carrière au 20 avril 1832 , pour mettre un terme à ses souffrances. .

---

(1) Il fut membre de la société d'agriculture de Mâcon , le 28 décembre 1820 ; de la société des sciences et belles-lettres du département d'Indre-et-Loire , le 10 septembre 1821 ; du département de l'Ain, même année ; de la société Linnéenne de Paris , même année ; de celle de Lyon , en 1822 ; de celle de la Sarthe , le 11 mai 1824 ; de la société d'Agriculture, Arts et Commerce de Bruxelles, le 5 janvier 1827 ; de la société d'Agriculture de Gand , le 1er février 1829; de St-Etienne, le 20 juin même année ; de la société

M. Madiot (1) était un homme modeste, doux, honnête, vertueux, compatissant, remplissant exactement ses devoirs de citoyen , bon père de famille, attaché à ses amis. Il est mort en chrétien, a laissé une épouse inconsolable, dont il a justement mérité es regrets , ainsi que des personnes de sa connaissance.

d'Horticulture de Nantes , le 11 octobre; de celle de Nancy, le 5 novembre même année , de Postdam , le 10 décembre 1831 , de Berlin , le 30 juillet même année ; de la société pour la propagation des Mûriers et Vers-à-Soie de Gand , le 15 avril 1830.

(1) Ce n'est pas de l'orgueilleux gonflé des titres , de la gloire de ses ancêtres , regardant avec mépris les autres mortels ; ce n'est pas de l'opulent favorisé des dons de la fortune ; ce n'est pas de l'intrigant et du courtisan , élevé par les sollicitations, les courbettes, les menées aux honneurs et aux dignités , que l'on doit se rappeler ; mais l'on aime à conserver la mémoire de celui dont les jours et les veilles ont été consacrés à des travaux importans et utiles à la société.

LYON. IMPRIM. DE D.-L. AYNÉ, RUE DR L'ARCHEVÊCHÉ, N. 3.